만희네는 할머니 댁으로 이사 갑니다.

만희와 엄마, 아빠는 마루 끝에 부엌이 딸려 있는

좁은 연립 주택에서 살았습니다.

만희는 부엌 옆에 있는 조그만 방을 썼습니다.

그래서 놀다 보면 장난감과 책들이 마루까지 어질러지곤 합니다.

그러나 할머니 댁은 집도 넓고 개도 세 마리나 있습니다.

만희는 벌써부터 자기 방을 멋있게 꾸밀 기대에 부풀어 있습니다.

개들과 장난치며 노는 일도 재미있겠죠.

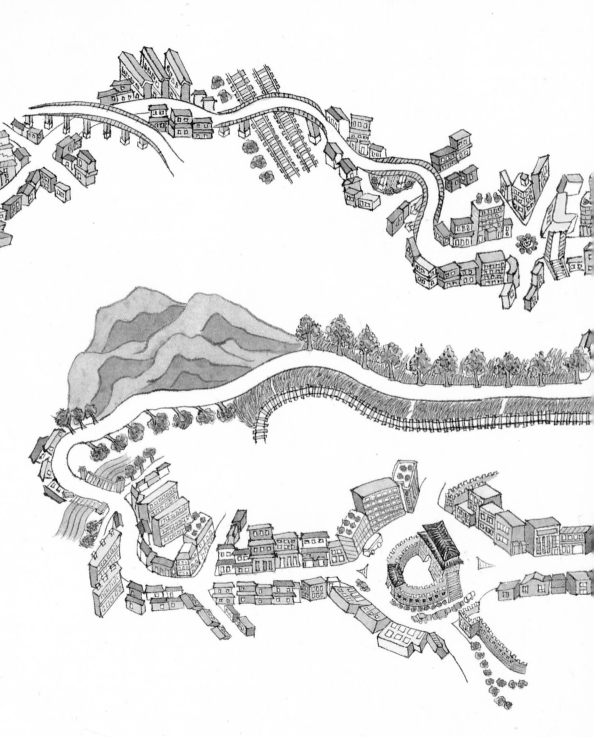

만희네 집

기획 | 초방

글 · 그림 | 권윤덕

아트디렉션 | 이호백

디자인 | 권윤덕

초판 1쇄 | 1995년 11월 15일

초판 24쇄 | 2004년 4월 10일

발행인 | 이호균

발행처 | 길벗어린이(주)

주소 | 서울시 마포구 연남동 369-20 공명빌딩 2층

전화 | 02-322-6012 • 팩스 | 02-322-6014

홈페이지 | www.gilbutkid.co.kr

등록번호 | 제 10-1227호

등록일자 | 1995년 11월 6일

ISBN 89-86621-10-× 77810

값 7,500원

만희네 집

글·그림 / 권윤덕

길벗어린이

만희네 집은
동네에서 나무와 꽃이 가장 많은 집입니다.
만희가 유치원에서 돌아오면
개들은 발자국 소리만 듣고도 만희를 알아봅니다.

안방에는 옛날부터 쓰던 물건이 많습니다.
할머니께서 쓰시는 가위는 증조할머니 때부터 쓰시던 가위랍니다.

부엌은 개들이 가장 들어오고 싶어하는 곳입니다.
맛있는 냄새와 이야기 소리가 있기 때문입니다.

광은 어둡고 서늘합니다.
과일이나 쌀, 담근 술이 그 안에 있어요.
옛날에는 썼지만 지금은 쓰지 않는 물건도 그 속에 보관하지요.

된장 항아리, 고추장 항아리, 간장 항아리…….
광 위의 장독대에는 여러 항아리가 있습니다.
그 중에서도 소금 항아리, 마른 나물 항아리, 건어물 항아리,
빈 자루만 모아 놓은 항아리는
할머니께서 가장 잘 아십니다.

뒤꼍에는 가마솥이 있습니다.
메주를 쑬 때나 우거지를 삶을 때는 여기에 불을 지핍니다.
따닥따닥 장작 타는 소리가 듣기 좋습니다.

앞뜰 화단에는 접시꽃, 도라지, 해바라기, 나리, 분꽃, 홍초, 옥잠화가 모여 삽니다.
봄에는 하얀 목련과 붉은 모란과 라일락도 핍니다.

화단 맞은편으로는 현관이 보입니다.
할머니께서 현관문 위에 좋은 일이 생기라고
삼두매 부적을 붙이셨습니다.

마루로 올라서서 오른쪽을 보면 만희 방이 있습니다.
놀 때는 마루까지 만희 방이 됩니다.
없어진 장난감은 틀림없이 개집에 있습니다.

목욕탕에서 물놀이하는 것도 즐겁지요.
아빠는 비누 거품으로 공룡 발톱을 만들어 보입니다.

옥상엔 할아버지께서 가꾸시는 작은 야채밭이 있습니다.
야채밭에선 고추와 상추, 호박, 파 등이 자랍니다.

옥상 한쪽엔 빨랫줄이 있습니다.
햇볕이 좋은 날엔 엄마가 이불을 내다 넙니다.
만희는 부드러운 이불 속으로 물고기처럼 헤엄쳐 다닙니다.

아빠 방에서는 책 냄새가 납니다.
그림도 없는 책이 아빠는 재미있나 봅니다.

이불에서 나는 햇빛 냄새는 엄마 냄새만큼 고소합니다.
만희는 일찍 꿈나라로 갑니다.

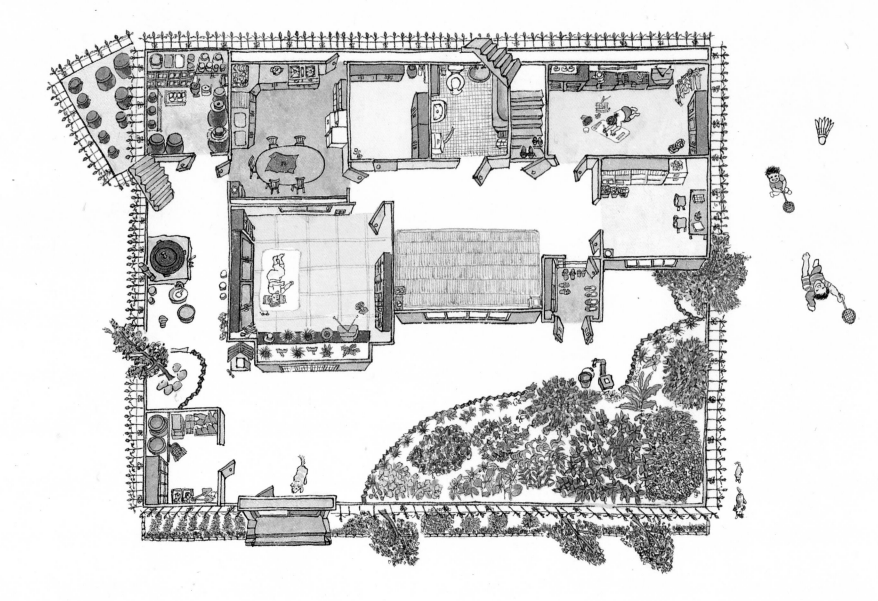

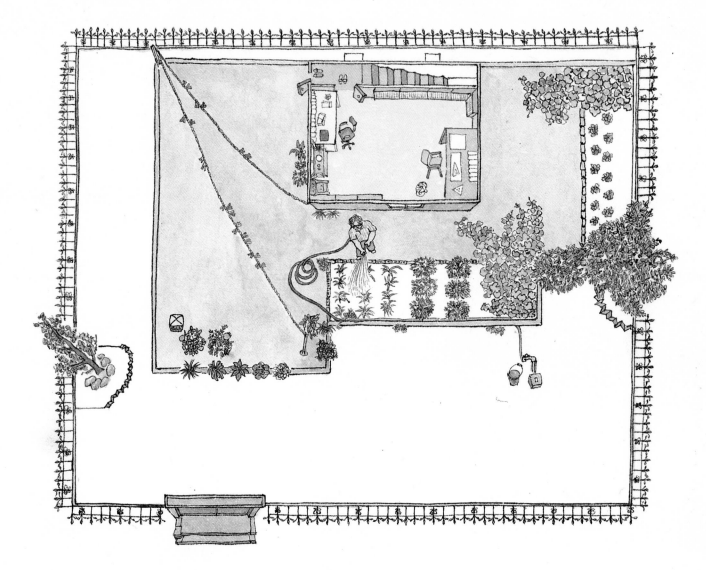